AF581835

HISTOIRE VERITABLE, ET REMARQVABLE,

D'vn ieune enfant, natif à Val-profonde, pres de Ville-neufve le Roy, en Bourgongne, aagé de neuf à dix ans, lequel n'a beu ny mangé depuis l'Ascension, & ne laisse pourtant de parler & cheminer.

Presenté au Roy, & à la Royne Regente, à Fontainebleau, au mois d'Octobre dernier 1611.

il y a 5 discours de ... medec sur cette histoire

A PARIS,
Par FLEVRY BOVRRIQVANT, au mont sainct Hilaire, pres le puits Certain, aux Fleurs Royalles.

M. DCXII.

AVEC PERMISSION.

A MONSIEVR PRESDESEIGLE, MARCHAND BOVRGEOIS *de Paris*.

MONSIEVR,

Comme vostre naturel incline à la recerche des choses belles & rares, ie croy que vous aurez pour agreable le Discours que i'ay escrit à vn mien oncle, touchant vn enfant qui ne boit ny mange ; chose esmerueillable à entendre, mais qui sera trouuee digne de foy & croyance, par les exemples proposez au present Discours, lequel vous communiquerez à vos amis, s'il vous plaist, puis que le subiect est beau & remarquable: Il meriteroit d'estre traicté par vne plus docte plume que la mienne, pour estre presenté au iugement de vôtre bel esprit, mais ie me contente en cela, que vous me conoissez & sçauez ma portee. Et desirant condescendre à la bonne volonté & priere de mes amis, le mettant en lumiere, ie n'ay peu ny deu plus honorablement l'intituler qu'à vôtre nom, tres-cogneu & respecté, & principalement pour la verité qu'il porte pour defense &

caution contre les contredisans, qui volontairement & malicieusement clignent les yeux à la verité cogneuë. I'en auois fait imprimer demy cent, mais pour auoir esté trop hastez, ils ont esté mal imprimez. Ie vous l'enuoye donc maintenant plus correct, & accompagné d'vne verité si seure, que les plus sourcilleux le receurōt, vaincus par les effects des miracles authentiques du Souuerain, qui se rend tousiours admirable au ciel, en la terre, & és eaux, cōme tesmoigne l'Escriture. Ce discours, digne de memoire, est d'vn ieune enfant, aagé de neuf ans, natif de Val-profonde, pres de Villeneufve le Roy, distant de trois lieuës de la ville de Sens, lequel ie fus voir le 17. Octobre de l'année 1611. auec monsieur Sibyle, Docteur en Medecine, & premier Medecin de Monseigneur le Prince de Condé, & M. Pierre Bordelot, Chirurgien audit Sens. Cest enfant n'a beu ny mangé depuis la feste de l'Ascension derniere, & auparauant mangeoit fort peu, par le tesmoignage de plusieurs honnestes personnes, des voisins, des pere & mere dudict enfant, & du sieur Ferrant, qui nous voulut conduire au lieu mesme où ledit enfant estoit. Nous le vismes trauersant le chemin, & s'enfuyoit, tenant ses bras sur le visage, hors la maison d'vn de ses voisins, pour s'aller cacher chez son pere, & le suiuismes iusqu'à la maisonnette de son pere, auquel lieu sa mere nous le fit voir, & ne voulut oster ses mains de dessus son visage qu'à force, car il est fort & remuant pour son aage. La mere interrogée afferma qu'il n'auoit beu ny mangé depuis ledit iour de l'Ascension, qu'il ne iettoit aussi nuls excremēts : qu'il dormoit bien, se couchoit & leuoit comme eux : qu'il alloit aux champs, aux vignes, en la vendange, ioüoit & passoit le temps comme les autres enfans, alloit auec eux à l'Eglise, couroit apres les oyseaux : & que le plus grand soin qu'il aye est de demander des oyseaux, & quand ils feront leurs nids. Il a le visage bon, & est assez beau garçon, les membres assez refaicts, & le corps en bon poinct, la bouche grande & humide, fort pasle dedans, le poux bon, & qui me sembloit trop viste: le ventre n'est ny trop esleué ny aplaty, toutefois bandé & ferme. Son pere a nom Philippe Godeau, & sa mere Vincente Guerin, & luy Iean Godeau : il y a encore deux filles, ses sœurs, bien gayes, dont la plus grande nous seruoit à table au logis dudict sieur Ferrant, qui nous donna à disner, & nous fit bonne chere. Chascun de nous essayoit de le voir plus librement, luy presentant de l'argent, luy promettant des oyseaux, mais il ne tint compte de tout ce que nous luy dismes, ayant tousiours les bras deuant son visage, qui fut la cause que nous demandasmes à la mere s'il estoit tousiours ainsi farouche, & nous dist que non : & que cela luy est arriué d'vne crainte qu'il eust d'vn mal-aduisé, lequel par force & menaces luy mit malgré soy du sucre dans la bouche, & que du depuis il n'a voulu regarder personne d'estrange, mais qu'auec ses cognoissances il est libre de parler, de rire, & de ioüer. I'ay appris que depuis trois ou quatre iours quelques-vns, que ie cognois bien, l'ont mené à Fontaine-bleau auec son pere, & vn sien oncle & parrain, afin de le faire voir au Roy & à la Royne, qui y estoient. C'est chose estrange & prodigieuse, qu'vn enfant aagé seulement de neuf ans & demy, au temps qu'il deuroit crier à la faim, vit sans boire ny manger, & subsiste en ses forces si longuement, depuis le 12. iour de May iusqu'à present il vit sans manger : & au contraire abhorre tellement les alimens qu'on ne luy en ose parler : voila dõc quel est le subject duquel ie vous escris. Nous auons pardeçà assez de personnes capables d'en parler, mais ie crains qu'ils mesprisent ce subject. C'est pourquoy attendant que quelqu'vn en escriue, ie vous diray mon aduis, & ce que ie pense de ce prodige.

Il y a plusieurs causes par lesquelles l'homme demeure, ou peut demeurer sans boire ny manger : & n'est chose du tout rare, dont les vnes sont volontaires, & les autres casuelles & accidentalles.

Les causes volontaires de l'abstinence sont le vœu, la deuotion, & la resolution de faire abstinence, pour quelque cause de mal, ou de propos deliberé, ou de cholere, ou de melancholie, ou autrement.

Quant au vœu, à la deuotion, & à la resolutiõ, ils ont quelquefois tellement rauy & transporté les forces de l'ame, les esprits animaux, & les affectiõs & puissances naturelles de quelques-vns, qu'ils ont longuement demeuré sans boire ny manger, qui plus, qui moins : cõme plusieurs bõs peres Hermites, Religieux, & autres, qui ont ieusné long temps, & se sont accoustumez à l'abstinence : l'accoustumance au ieusne y peut beaucoup : i'en ay veu plusieurs accoustumez à ieusner, ou à ne manger qu'vne seule fois le iour, qui eussent facilement passé plusieurs iours.

Cardan recite d'vn nommé Leonard Pictoriensis, lequel auoit tellement exercé son corps à la sobrieté, qu'auec le temps il ne mangeoit plus qu'vne fois la sepmaine, ce qui estoit (dit-il) reputé à miracle : le mesme autheur recite que du temps de Clement VII. il se vit à Rome vn ieune homme Escossois, la barbe rousse, & de temperament bilieux, lequel demeura prisonnier vnze iours, pour vne fois, sans manger ny boire, & du depuis encores vingt iours, & derechef iusqu'à trente iours.

La mere de ce Iean Godeau nous dist qu'il auoit perdu l'appetit peu à peu, qu'auparauant ce grand ieusne il ne mangeoit que fort peu, & le plus souuent point, dont ils estoient en peine.

Pline en son histoire naturelle, liure vnziéme, chapitre cinquãte-quatriesme, dit que l'homme peut viure sept iours sans boire ny manger : mais ce doibt estre auec beaucoup de peine, si la faim & la soif ne sont point perdus : Et dict d'auantage que quelques-vns ont obserué qu'il peut subsister vnze iours : aussi l'Escossois que dict Cardan demeura la premiere fois vnze iours.

Cela, dict Pline, est assez notoire & commun, que plusieurs ont vescu longuement de fort peu de chose, comme peu de beurre, formage, ou suc de reglisse.

Ledict sieur Sybille Docteur en Medecine nous recita à maistre Pierre Bordelot & à moy, vne semblable & plus estrange histoire, qu'il a veu au voyage que Monſeigneur le Prince de Condé a fait en Guienne ces iours paſſez : c'eſt d'vne ieune femme, qui a demeuré dix-huict mois ou deux ans, ſans boire ny mãger : & maintenant a vn enfant, boit & mange, & faict toutes autres actions de femme : ie croy qu'il nous diſt que c'eſtoit à Confolans, ville de Poictou.

L'hiſtoire publiée ces années paſſées de Appolonie Shreire de Suiſſe, iuriſdiction de Berne, aagée de dix-ſept ans eſt prodigieuſe, laquelle de ce temps que l'afixe eſt faite, auoit demeuré ſix ans ſans boire ny manger, & eſtoit (dit-il) deſia fort debile, elle eſt repreſentée couchée, & parle bien, & meut ſes membres.

I'ay veu le ſeigneur Marquis de Pizany, Ambaſſadeur pour le Roy en Italie, lequel ne beuuoit iamais : mais quoy ? toute la difficulté n'eſt point au ieuſne, & à l'abſtinence, ains à la faim & à la ſoif : car la plus-part de tous ceux que nous auons recitez cy deſſus, l'ont faict ou faute d'appetit, abhorrant les viandes & aliments, comme faict Iean Godeau, Appolonie, & la femme de Confolans : les autres (peut-eſtre) par force ou reſolution, comme l'Eſcoſſois. La reſolution que prit George Caſtriot, dict Scanderbeg, Roy d'Epire, lors qu'il ſe reuolta contre Amurath : Il ſe reſolut de ne dormir point qu'il n'euſt reduict ſon pays, ce qu'il executa à ce que dict l'hiſtoire. Le dormir eſt auſſi inſupportable que la faim, ceſte reſolution a de grãds & incroyables effets : comme quand vn hõme ſe propoſe & ſe reſoult, ie ne mangeray, ou ne boiray, ou ne dormiray, que cecy ou cela ne ſoit executé : l'ame en cela

com-

commande aux facultez naturelles & inferieures : car si la rencontre est telle que lesdites parties luy obeïssent, l'homme fera des choses qui semblent impossibles.

Les autres ont ieusné par deuotion ; comme Moyse, & Iesus-Christ ; Sainct Iean Baptiste, & tant de bons peres Hermites, qui à la fin ont esté forcez de manger & boire, l'appetit combattãt à l'abstinence, la debilité naturelle à ceste forte resolution de vœu.

Mais de ne manger point quand on n'a ny faim ny soif, cela n'est pas estrange : la difficulté ne gist qu'à sçauoir si le boire & manger sont si necessaires, que l'homme ne puisse longuement subsister sans iceux.

Plusieurs animaux, comme les Ours, Marmotaines, les Loirs ou Glirs, & les Serpens, sont longuement cachez aux cauernes sans boire ny manger, voire trois, quatre, & six mois : les vns tiennent qu'ils dorment, les autres qu'ils léchẽt leurs pieds, que cela leur excite vne saliuation qui les entretient cõme l'Ours : les autres qu'ils font prouision l'esté pour l'hyuer, comme les Marmotaines : mais quoy ? il n'y a pas presse en ce temps là d'y aller voir, & se faut tenir à ce que on en dit. On tient aussi que le Cameleon, qui est vne espece de Lezart, ne mãge point : i'en ay veu vn conserué mort en vostre cabinet, à Paris, & me distes que l'auiez veu vif. Les Cigales ne mangent iamais, aussi ne viuent-elles gueres.

Quant aux autres causes casuelles & accidentales, ou inuolontaires, la verité est que plusieurs ont ieusné par force, & (peut estre) la plus-part de ceux recitez par Pline, & Cardan, n'ayans dequoy manger: les autres sont comme maladies du corps ou de l'esprit, sortileges ou puissances demoniaques, ainsi practiquées par le diable, pour nous induire à croire que nostre Sauueur n'a rien fait que choses possibles & ordinaires.

L'abstinence necessaire consiste en l'espoir de guarison, pour quelque longue & ennuyeuse maladie, procedée de repletion, & qui ne peut receuoir guarison sinon par abstinence. Il n'y a rien à quoy l'homme ne se resolve, & pour y satisfaire il mange quelquefois des serpens veneneux, pour pálier seulement le mal, comme les lepreux: mesmes endurer longuement la faim & la soif, trois, quatre, voire cinq iours; & continuer auec peu de chose plusieurs sepmaines, selon l'ordonnance du Medecin, & la resolution qu'il en a prise. Car il est notoire que les maladies suruenantes aux corps, troublent & les facultez & les esprits, & ne se voit gueres de maladies que l'appetit ne soit esgaré: si que les vns ne veulent boire, les autres ne veulent manger, ou au contraire, sans goust, sans appetit, demeurans & subsistans ainsi longuement. I'ay obserué lors que ie traictois les malades de peste en ceste ville de Sens, qu'vne femme malade à la maison de la santé, a vescu quatorze iours entiers, sans vouloir prendre aliment ny medicament, puis elle mourut. Il se voit iournellement telles ou semblables choses aux maladies qui causent abstinence par accident. Il y a aussi vne maladie qui s'appelle *inappetentia*, où les malades subsistent longuement sans manger, laquelle a son contraire, qui se nomme *boulymos*, insatiable & goutmande.

Les maladies de l'esprit causent aussi fort souuent vn degoust ou inapetence, par vn mespris des viandes: comme les fascheries & melancholies communes, & choleres extraordinaires, qui se muent en melancholie aduste & supernaturelle, de laquelle sont engẽdrez au corps le Cancer & charbons: & à l'esprit vne deprauation, par le meslange des humeurs mouuantes, corrompues & fascheuses; dont les fumees s'esleuans, montent au cerueau, troublant l'œconomie de la raison, en certains secrets, qui font paroistre ce qui n'est pas, & ne peut estre: comme d'estre persuadé par ceste fascination melancholique, & croire sans difficulté qu'vn homme soit cruche, ou pot de terre, ou de verre, ou vn bouc plein d'huille, ou auoir les pieds de fonte, ainsi que recite sainct Augustin: Et qu'auec tels il ne faut boire ne manger, d'autant que les pots de terre, ou de verre, ny les boucs pleins d'huille, ne boiuent ny ne mangent: continuer ainsi longuement & subsister en ceste opinion. Les Licantropes & Hydrophobes, sont longuement sans manger: I'ay veu quelques Hypochondriaques qui ne boiuent ny ne mangent que par force: & d'autres qui croyent mourir, s'ils ne mangeoiẽt sans cesse: Ainsi les vns viuront longuement sans boire ny manger, huict ou quinze iours, dont on sera esmerueillé: mais il faut croire qu'en cela l'esprit soustient le corps, & non le corps l'esprit.

Les Philosophes Medecins ont bien dit, que les choses naturelles en l'homme, ne consistent seulement qu'en ce qui est de sa construction & bastiment, puisque sans boire ny manger, il peut subsister longuement : voire sans dormir, veiller, trauailler, rire, se fascher, pleurer, & autres actions, que les Medecins appellent non naturelles, & que nous estimons estre si necessaires, que sans elles l'homme ne peut estre : où nous voyons le contraire cy dessus. Car le boire & manger n'est qu'vne matiere preparée, pour aualler & mettre infuser dans l'estomac, vaisseau capable de receuoir les ingrediens, logé au milieu de ce fourneau portatif : pour apres l'infusion & digestion desdicts ingrediens faicte, tirer quelque petite portion d'essence, ou de suc propre, d'vne si grande quantité de matiere qui aura esté auallée ou mise en cest estomac : que s'il falloit pezer & mesurer les excrements qui sortent du corps, & ce qui y est entré, ou que nous y aurions mis & auallé, il se trouueroit plus d'excrement que de matiere. Et tout ainsi que les Chymistes font vn grand preparatif & amas de matieres, pour mettre dans vn grand & ample vaisseau, les ignorans penseroient de ceste quantité estre extraict vn muid d'essence : mais le plus souuent si peu qu'on s'en mocqueroit, & quelquefois rien. Ainsi est-il du boire & manger que nous prenons en quantité, & de laquelle quantité nature n'en prend quelquefois rien qui luy serue, ou si peu que ce n'est pas pour en parler : si donc le boire & manger n'est qu'vne matiere pour en tirer l'essence, ou l'huille, de la matiere qui sera disposée par la sagesse naturelle, pour remplacer au lieu de l'humide Radical, que la chaleur des esprits ont diminuée & desseichée: ainsi que l'huille d'vne lampe se deperit par la flamme, & que au lieu d'icelle huille deperie, on y en peut adiouster tousiours pour entretenir la clarté & lumiere. Et qui plus est toutes matieres qui sont auallees dans l'estomac, bien que nous y ayons appetit, n'ont pas ce qui est propre & qu'il conuient, pour paruenir à ce grand & parfaict œuure: ainsi la nature reçoit plusieurs choses, mais seule elle cognoist & sçait tirer le secret de leurs proprietez. Ne se peut-il pas rencontrer vne matiere tellement disposée, & rare en quelques lieux, ou à quelques subjects, par hazard ou prouidence supernaturelle, que d'icelle nature pourra tirer vn esprit specieux, & tellement correspondant & conuenable à elle, & à son dessein (qui est de perpetuer, conseruer & maintenir ce qu'elle a faict vne fois, le plus qu'elle peut) la matiere obeïssant à la forme, qu'il seroit possible à ce subject de longuement viure sans boire ny manger. Autrement quelles raisons donnerons-nous à la longue vie de Apollonie, de Iean Godeau, & de la femme de Confolans?

C'est pourquoy il nous faut considerer en l'homme deux tres-grandes choses, qui sont le corps & l'ame. Or nous ne doutons point que des perfections de l'ame, despendent les perfections du corps, non seulement en la disposition & belle perfection des parties formees en iceluy, mais aux actions d'icelles, comme estant homme : n'estant iceluy corps qu'vn instrument & organe de l'ame, pour accomplir son dessein & intention, & duquel l'ame se sert comme vn ioüeur de sa fluste, qui s'aide desdites choses non naturelles, boire, manger & autres, suiuant le besoin qu'en a le corps. Que si ceste ame rencontre vn corps, ou instrument obeïssant à son intention, & conforme à sa volonté, qui n'est de boire & manger, elle luy seroit sans doubte, comme est le sel aux chairs, qui les empesche de pourrir & corrompre, ou bien le retiendroit en estat longuement, comme Apollonie & Godeau. Combien d'hommes ont esté rauis en esprit, & leurs corps demeurés longuement sans sentiment, & d'autres par effet transportez d'vn lieu en autre, par le consentement, accord & parfaicte harmonie que les corps auoient auec les ames, & l'affinité des esprits, auec la force & vertu des choses superieures ?

Quelle resolution, quel vœu, quelle deuotion, quelle melancholie auroit vn enfant de neuf ans ? il n'a ny mal ny douleur, pour laquelle il eust contracté vne telle diette, vn enfant qui deuroit tousiours crier à la faim. Il faut donc que deux choses concurrent & s'accordent, à sçauoir inapetence des viures, & humide radical, essence, huille, ou esprit specieux : tel que nous auons dict, en quantité & qualité deuë & necessaire, qu'il peut durer longuement : ou qu'il y aye du sort & de la diablerie. C'est tout ce que ie vous puis escrire quant à present, puis que c'est vn œuure particulier de Dieu, qui fait quand il luy plaist des œuures admirables, sans la nature, outre la nature, & contre la nature: comme nous le pouuons voir en l'aueugle né, par le tesmoignage de S. Iean en son Euangile: & pouuons dire auec le Prophete Royal, *ô quàm magnifica sunt omnia opera Domini*! ô combien grandes & merueilleuses sont toutes les œuures du Souuerain!

Ie suis vostre seruiteur & meilleur amy pour iamais,

Montsainct
Chirurgien à Sens.

www.ingramcontent.com/pod-product-compliance
Lightning Source LLC
LaVergne TN
LVHW050234180726
843501LV00014BA/4217

* 9 7 8 2 3 2 9 6 3 7 8 9 1 *